LO SIENTO, TE QUIERO. CRÓNICAS DE UNA MENTE DESORDENADA.

L. M. WHITE

EDITORIAL

Poesía...
eres tú.

Lo siento, Te quiero. Crónicas de una mente desordenada.

Primera Edición 2025
© *L. M. WHITE es Lorena Blanco López 2025*

© *Editorial Poesía eres tú.*
https:// poesiaerestu.com
C/Dr. Fleming Nº50, 4ºD
28036 Madrid
Teléfono: 34 91 345 38 17
Fax: 34 91 350 80 54

ISBN: 979-13-87806-00-2
Depósito Legal: M-9712-2025

LO SIENTO, TE QUIERO.
CRÓNICAS DE UNA MENTE DESORDENADA

L. M. WHITE

Dedicado a Luisa Serrano.
Todos mis logros llevan tu nombre en lo más alto.
Te quiero, Abuela.

INTRODUCCIÓN

Lo siento, no te quiero.
No quiero a tu perro,
de cuyo nombre sigo acordándome.
No quiero volver a mirar esa sonrisa,
la que te salía cada vez que me mirabas;
esa voz de recién levantado,
que decía buenos días porque así nunca eran malos.
No quiero volver a percatarme de ese brillo de tus ojos al
verme llegar,
observando con detalle,
sin prisa.

Lo siento, no quiero que me dediques noches,
yo ya te dediqué mil en vela,
trasnochar para que mis sueños no lo permitan,
eso de volverte el protagonista de todos ellos;
sueños en los que me beses,
mañanas en las que me desarropes.

Lo siento,
no puedo dejar que vuelvas,
no puedo dejarte ir.
No quiero reescribir la historia con otra persona,
no quiero volver a esa página ya supuestamente pasada.

No quiero quererte, lo siento.
Aunque bueno, quizás un poco sí.

IN MEMORIAM

Personas que no se olvidan
almas que se aman eternamente,
incondicionalmente.

Todo lo que no dije quedó escrito,
en versos que no entiendo,
en lágrimas de consuelo.

Todo lo que la mirada transmitió,
la huella que nos marca,
jamás nos permitirán reemplazar.

Aquello que un día nos hizo reír, emocionar
se vuelven sueños que deseamos recordar,
rezando por que algún día vuelvan a ser realidad.

Por el orgullo que en vida te invadió
que me acompaña toda la eternidad,
te dedicaré cada pequeña victoria,
cada gran ápice de felicidad.

Sin olvidar cada vez que tropecé,
sin descuidar el camino que marcó mi trayectoria,
el que hizo que al final se encontrase la paz.

En medio de la guerra hallé la tranquilidad,
pues en tus brazos sentí la misma armonía,
ahora a la que a la Luna sonreiría.

Tropecé con la guadaña,
en su mente de solo oscuridad de luz haz,
entonces a la muerte miré de frente.
Frío,
nostalgia,
una despedida al más allá.

Esa que las estrellas se llevarán,
que permanece en cada gramo
de los veintiuno que conforman mi alma,
que algún día volverás a abrazar.

AQUEL BANCO

Pensé que sería fácil.
Qué equivocada que estaba.
No puedo evitar pensar,
recordar
aquello que creí que enterré
en lo más profundo de mi corazón,
pero realmente nunca lo pude guardar,
pues nunca tuve el valor de decirte adiós,
a pesar de despedirnos en aquel banco.

Creí que no dolería verte,
realmente no dolió,
lo que dolió fue que,
todo aquello que vivimos,
compartimos y sentimos,
se comportase como un muro,
tras reencontrarnos un año después
en el mismo banco
en el que, con tus dedos,
acariciabas mi cara;
en el que,
con tus ojos,
apreciabas cada parte de mí.
Aquel en el que nos comíamos con la mirada,
hoy no somos ni capaces de mirarnos,
ya sea porque no supieron decirse adiós,
o porque separados dejaron de iluminar.

HIELO

Rozabas mi piel con tus manos congeladas,
secando la lágrima que rozaba mi mejilla,
buscando la razón de por qué la provocabas.

Rozabas mi piel con tus manos infectadas,
secando la copa en la que rociaste el veneno,
intentando que la toxicidad incrustada en los bordes
no tocase tu pobre alma ennegrecida.

Me tiraste a los leones,
y aun así me culpé,
rompiendo mi mundo en dos,
dejándolo completamente del revés.

A pesar de ello mi venganza fue seguir,
huir por no poder superar el temor
de verme en otro sitio que no fuera aquí.

Como cobarde tuve que avanzar,
sin mirar atrás,
al pasado que no sé si es que no me deja soltar,
o que sea yo la culpable de no poder
poner el punto final.

CAVÉ MI PROPIA TUMBA

Intenté enterrarte,
pero solo cavaba mi propia tumba,
pues olvidarte me era imposible,
lo siento.

Mi cabeza lucha por controlar mi cuerpo,
lo que intenta expresar mi perdida mirada,
o al menos por ocultarlo con máximo esfuerzo
—pero la mente vive gracias al corazón—.

Mi piel se convirtió en un recuerdo rezagado de tu aliento,
en mi piel tan añorado desde tu marcha,
intentando llenar el vacío de no sentirte cerca.

Tirada en el suelo fruto de mi mente terca,
empeñada en repetir en bucle en mi memoria tu canción,
y yo, ingenua,
espero a que termine prometiendo no escucharla de nuevo.

Mataría al jinete para acabar de una vez con todo ello,
arriesgaría destruir mucho más que lo implica,
desencadenando mi incapacidad para reconstruir todo de
nuevo.

Cavé mi propia tumba intentando enterrarte
—solamente espero que no sea muy profunda—.

A DESTIEMPO

Dijiste que me querías,
pero tus actos demostraron lo contrario al siguiente día,
cuando otros labios a besar te disponías,
creerte ingenuamente me hace culpable.

Esperé mientras sanaban tus heridas,
intentando ocultar mi propio desastre incontrolable,
resultando ser una situación insostenible para ambos,
me senté a tu lado y el puñal en mi tórax clavaste.

Aun así pretendías recuperarme,
siendo consciente de lo sumamente estúpido que actuaste,
apreciándome cuando a marchar me dispuse
—pero ya era tarde—.

JUEGO DE DOS

Te intento,
te busco,
te siento,
te escucho.

Te encuentro,
te alejo,
te añoro,
te espero.
Juego de dos.

Te veo,
te acerco,
me acercas,
te beso.

Me hueles,
te pruebo,
me tocas,
me muero.

Me intentas,
me buscas,
me sientes,
me escuchas.

Me sigues,
me rozas,
respiro,
te alteras.

Suspiras,
continúas,
te incorporas,
me desnudas.

Tú fuego,
yo agua,
tu tacto,
más aire.

Me tumbas,
te miro,
me aprecias,
te escribo.

Me vistes,
te abrazo,
susurras,
te quiero.
Juego de dos.

SÍNDROME DE ESTOCOLMO

Me volví rehén de mi propio dolor,
presa, por no poder dejar de anhelarte,
a pesar de poder escapar de esa habitación.

Traicionando a mi cabeza el corazón,
sin ninguna clase de pudor,
de querer avanzar hacia adelante,
pero las paredes encierran tu olor.

Rehén de tus manos,
náufraga en tu sonrisa,
secuestrada por mi pensamiento errante,
sigo intentando olvidar de aquel verano la amarga brisa.

Que tú ya me liberaste,
me entregaste de nuevo mi vuelo,
mas con algunas de tus plumas regreso,
y tú de las mías hiciste incienso.

Hace tiempo dejé de ser tu rehén,
y decidí no escapar
creo que porque del secuestrador me enganché
—y ahora no sé cómo lo puedo frenar—.

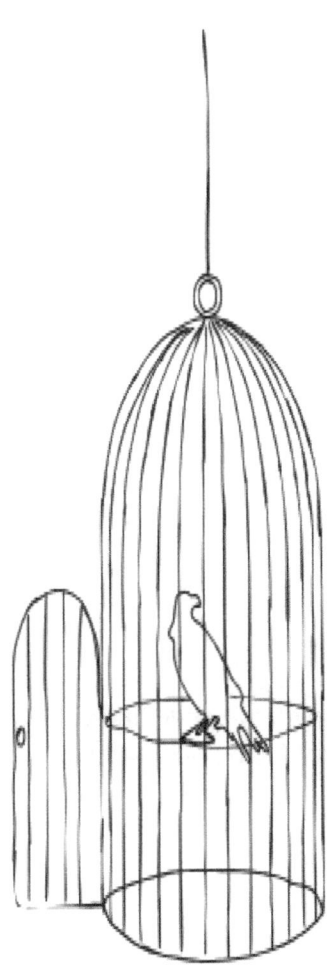

LO SIENTO

Lo siento,
por creerte,
por querer entenderte,
llegando al punto de culparme a mí.
Lo siento,
por creer que ella tenía lo que me faltó,
por darte el lujo de permitir tu mala gestión.
Lo siento,
por pretender convencerme cuando el corazón dijo que no,
esperando que llegase el jinete y se llevara
lo que la cabeza guardaba,
pues ya no aguantaba con todo.
Lo siento,
por esperar algo de ti,
que no tuviste la valentía suficiente,
excusándote con el miedo,
acabando con lo poco que te pude querer
—demasiado para quien tan poco se merece,
al decir que no sabe lo que siente—.

SIN REACCIÓN

Ni la química arreglaría tal catastrófica fórmula,
pues hay reacciones que son irreversibles,
al crear productos que rápido desaparecen.

Porque ninguno de los reactivos era estable.

Algunas de las veces fallan los cálculos,
pero el mío fue que,
al ser el reactivo un gas,
creer que por ello sería ideal.

Fallé al tratarlo como tal.

Se disipó el gas.

Se enfrió antes de reaccionar.

TU CANCIÓN

Escucho la canción que me recuerda a ti,
esa que te gustó tras enseñártela,
con la que vuelves al tararearla,
quedando en mi memoria el resto del día,
hasta que al dormir de vez en cuando se disipa.

Escucho la canción que te recuerda a mí,
esa que cantábamos juntos a pleno pulmón,
de cuya banda es tu favorita.

Ni yo sé por qué vuelvo constantemente a ella,
supongo que para recordar ese el último momento,
en el que bailábamos como si fuera nuestra.

CAOS INESTABLE

Escucho tu canción para olvidarte,
lavando mi cara,
para en mi recuerdo arroparte.

Cepillo mis dientes mirando al espejo,
volviendo a las 9 pm de aquel sábado
intento olvidarte mientras mi rostro despejo.

Preparo mi pelo como amabas,
por si nos cruzamos por ahí,
tal como esa primera vez.

Uso el perfume de todas las mañanas,
que tanto habías disfrutado,
y me regalaste porque te recordó a mí
su apasionado aroma,
antes de que todo el caos lo opacara.

El que destrozó todo,
siendo el mismo que nos enganchó sin aparente razón.

Sin embargo, tú lo pusiste patas arriba,
acabando con el poco sentido del que cobraba,
acabando con la única razón por la que se mantenía estable.

LO QUE EL MIEDO CALLA

Me enganchó.
Su manera de mirarme,
su forma de hablarme,
su sonrisa tras besarme.

Se acercó,
susurrando su boca lo que decía su corazón,
lo que su mirada expresaba.

Lo entendía perfectamente,
sin necesidad de leer su mente,
mientras cierro mis ojos,
pretendo despejar la mía.

Mi corazón gritaba,
pero mi mente la silenció,
guiada por el miedo,
cegada por la inseguridad,
consiguieron callar mi alma,
antes siquiera de ser capaz
de decir te quiero.
—Y es que no existe mayor contradicción
que la de que sea mi propia mente la que no me deja pensar—.

EL ÚLTIMO ADIÓS

Dos almas,
un corazón.

Dos humanos,
tan solo uno enamorado.

Dos cuerpos,
uno en guerra.

Dos brazos,
ningún cobijo.

Una mirada,
demasiadas lágrimas.

Un lo siento,
otro adiós.

El último adiós.

"AMOR"

La contradicción del sí,
pero no.

El falso interés,
sustentado en mentiras y traición.

Falto de corazón,
"quédate", susurraba su voz,
a lo lejos desaparece su sombra.

Y yo creyendo lo que,
con apenas nitidez,
se escucha desde aquí,
fruto de mi imaginación la mayor demostración,
de lo que me vendías como amor.

ANTÍDOTO

Veneno que mata,
veneno que hiere,
veneno que enferma.

Veneno que engancha,
veneno que atrae,
veneno que me llama.

Veneno que besa,
veneno que abraza,
veneno que sonríe.

Veneno que traiciona,
veneno que sorprende,
veneno disfrazado de antídoto.

LO SIENTO II

Lo siento,
por todas las veces que me alejé,
por las que prometí un falso sonreír.

Lo siento,
por guardarme miles de te extraño,
por dejar al orgullo decidir,
y hacerte creer que mis te quiero eran engaño.

"Quédate", susurraba mi mente,
y aún así lo siento,
pues a cada minuto que quería verte,
el miedo me obligaba a decir "vete".

DESTINO

Hay veces que las almas gemelas están destinadas.
A estar juntas.
A quererse de la forma más pura.
A caminar de la mano el resto de días.

Hay veces que las almas gemelas están destinadas.
A apoyarse incondicionalmente.
A cuidarse cuando su corazón está hecho pedazos.
A compartir la vista desde la terraza de un bar.

Hay veces que las almas gemelas están destinadas.
A querer uno más que el otro.
A soltar para no herir.
A echar de menos y no poder llamar.

Hay veces que las almas gemelas no están destinadas.

NUBLADO

Cambiaste el atardecer por un nublado amanecer,
al que, de camino,
ciegamente te presté mi brújula,
dejando mi rumbo bajo tu parecer,
sin darme cuenta de que,
hacia donde yo pretendía llegar,
se encontraba al otro lado del río
que no querías arriesgar a cruzar.

Por tu "seguridad",
por tu comodidad.
Por eso cambiaste el atardecer por un nublado amanecer,
porque cruzar la orilla era la excusa para allí permanecer.

MUSA

"Posa para mí", le dije.
Entonces describí cada parte de su alma,
letra por letra,
verso por verso.

Dibujé en estrofas su perfecta sonrisa,
como todo lo demás que se encontraba en frente de mí.

Dibujé sus ojos,
brillantes los míos al ver el café en ellos,
que se encierran al reír,
dejando a las perlas más bonitas del planeta salir.

El lienzo más hermoso que jamás vi,
al dormir,
al despertar,
al esconderse bajo mis brazos,
acariciando el láceo en su seguridad.

Se me terminó la cara.
Seguiré en la de atrás.

Esas inseguridades que esconde bajo guardia,
que me encantan y no me cree.

Ese ardiente corazón,
se enciende esperando a que termine de tomar los trazos a más
detalle.

Su pasión,
que acabó de enloquecer en el momento en que terminé de
fotografiarle.

"A ver, enséñame".
Arranqué la hoja y la guardé —es difícil comprender que un
boceto no es un dibujo, solo era un retrato—.
Firmamos el retrato con un beso.

TRAICIÓN

En tus acciones pude observar la traición
de aquel que nunca ha estado enamorado.
La noche en que todo da un vuelco,
que te devuelve a la cruda realidad.

Falsas esperanzas vendidas,
construidas sobre el engaño y la lujuria,
terminaron en un momento con toda confianza,
devolviendo las riendas al miedo y frialdad.

La fidelidad se convirtió en una razón más,
entre todas las que buscar para escapar,
sin tener en cuenta que siempre se estuvo en libertad.

La traición se convierte en la infidelidad,
la que ocasiona que todo vuelva a lo de antes,
a la normalidad sin conocernos,
y el jinete controlado y manejado por el dolor.

TE ODIO POR NO PODER ODIARTE

Cómo odiarte si llegaste en el momento indicado,
demostrando que soy fácil de querer,
que es mucho todo lo que tengo por dar.

Cómo odiarte,
si en tus ojos vi la mirada más pura que encontré,
dejándome verla sin miedo alguno,
mostrando la belleza de la mía también.

Si hiciste de un nublado cielo uno completamente radiante,
dejando salir a la luz la profundidad de mi alma.

Cómo odiarte,
si me enseñaste lo que es querer de verdad,
de la manera más sana posible,
luchando con todos mis monstruos sin temor.

No se puede odiar a quien tanto te dio,
no se puede odiar a quien tanto tiempo dolió.

LO QUE NUNCA TE DIJE

Odio la falsa verdad que inventaste,
ocultando lo que realmente no sentías.

Odio que librar mil batallas
opacara todo lo que se encontraba junto a ti,
matándolo tras intentarte ayudar,
como un pájaro en peligro de extinción
que encierran para que no pueda libremente volar.

Odio que teniendo un diamante escogieses el cobre,
pero ni cuenta te diste.

Odio esa nota de voz en la que pedías perdón,
sin arrepentimiento alguno,
pues nunca lo sentiste.

El tiempo demostrará que el cobre es fácil de quebrar,
y que el diamante jamás se puede reemplazar.

OTRA PIEL

Y ahora busca en otra piel lo que,
sin dudarlo le di,
lo que tantas veces ofrecí.

Recorriendo mil bocas te encontraron,
intentando dar con una que perdiste,
pretendiendo de fiesta encontrar mi silueta,
misión suicida para cualquiera.

Buscando mi luz en bombillas fundidas,
perdido en la oscuridad buscando una salida,
sin éxito.
Viendo desde allí como yo relucía como las estrellas,
que no se apagan con un interruptor,
y, aunque lo parezca,
no desaparecen con el Sol.

VENENO

Dejé que me hicieras presa de tu mirada
para vivir cuanto más cerca de tu alma
aún conllevase un siglo encerrada
aun sin saber que en veneno me recostaba.

Bebí de la copa equivocada,
agua con vino confundí,
y los posos del fondo me lo aclararon
mientras la llenabas de nuevo con engaño.

Bailando borrachos se clavó el azabache
pensando que amor fue;
demasiadas copas,
demasiadas bocas me mostraron tu estado de embriaguez.
Demasiados tragos envenenados
que no volveré a probar con tal estupidez.

QUIERO SER YO

Quiero que el que me despierte por las mañanas sea tu olor
sin sentir este pudor
que esconde dentro mi mente.

Quiero que sean tus brazos
los que me acaricien por la espalda,
recorran tus yemas mientras mi vientre.

Quiero que sea tu mirada
la que acaricie mi suerte,
la que hable sin soltar una palabra.

Quiero que sea tu alma y no tus labios
los que besen mi frente,
diciendo te quiero cada mañana.

Que sea tu cara de recién levantada
la que vea mis ojeras bajo el brillo del verde,
lleno de la esperanza de acostarme a tu lado,
de nuevo en mi mente.

Despiértame del sueño en el que huyes del frío,
por no haber podido mostrarte mi cálido fuego a tiempo,
por haber intentado quemar de nuevo unas cenizas que
murieron bajo entierro.

CIMA DE MI MENTE

Dictadora de mi mente,
huyendo montaña arriba
del sentimiento constante dependiente
del seguir otro rumbo que mi alma dicta,
pues más inclinada se vuelve la pendiente.

Escalando para obedecer al miedo,
dejé que escogiera mi vida,
tú intentando alcanzar mi mano
tocando apenas pueda los dedos,
y yo buscando la cima.

Experiencia, la catástrofe impida,
no deje que el amor decida,
que así me hace daño,
que así le mostrara mi ardiente sentimiento.

La indecisión me abandona
y su alma ofrece.
Inseguridad que me miente,
déjame volar.

Con un rosa me despido de ti,
desamor,
que quiero intentar amar,
que me quiero enamorar.

DISTORSIÓN

El cabello se humedece,
el verde se oscurece.

Todo se vuelve negro, oscuro,
la luz se refracta.

Mientras el sonido se distorsiona
la angustia ahoga,
el tiempo se detiene,
el agua asciende.

Galopando llega
marchitando flores,
quemando sueños
el encapuchado con puñal en mano.

Clavó en el pecho
el último que perfora su mirada,
vaciando por completo
lo que estaba vacío,
lo que nunca se llenó.

Ausente de palabras,
sus labios separados,
sin decir nada,
sin articular sentimiento
esperaba a que el arma blanca se oxidara.

El agua desciende
pero el silencio no se va,
el frío quema y no arde el fuego;
me siento a observar la nada,
temo esperar que sea otro juego.

A ESCONDIDAS

Cómo dedicarte versos a escondidas
esperando a que algún día los leas,
aunque sea de manera accidental,
y que sea yo decidas
la que los lea bajo la lluvia.

Sintiendo la humedad en tus labios
confesando que quizás tú lo sientas igual
intentando que todo lo que la mirada confiesa,
las palabras logren soltarlo.

Cómo hablarle a la Luna de ese día
en el que por primera vez me perdí en tu mirada,
rozando la tranquilidad con el éxtasis,
pretendiendo no enloquecer,
usándote de guía en la oscuridad,
aun siendo mi mayor perdición.

Siéntate a mi lado,
esa es mi única petición,
lee esos poemas que jamás te recité,
por miedo a la pesadez,
demasiada intensidad
para alguien que se desespera a la cuarta canción.

Y aun así me pides que te lea,
que te escriba,
que recite todo aquello que mi pluma expresa
porque las palabras no me dejan confesarlo en voz alta.

Convierte mi mundo en catarsis,
muriendo con todas las veces que escuchamos aquella canción,
la que me devuelve a aquel recuerdo
convencida de que jamás me importaría,
o eso es lo que día tras día me repetía.

ANTAGONISTA

Caminatas sobre rosas marchitas
con esperanzas de llegar a la que aún lucía,
entre espinas de desconfianza y desamor,
clavándose pretendiendo alcanzarla algún día.

Recubierta se encontraba
aquella única flor que apenas resistía,
por una cúpula casi translúcida,
esperando así volver a evitar cualquier desdicha.

Caminatas sobre rosas envenenadas
fruto de historias de final suicida,
que tu ignorancia prefería evitar,
condenando
de nuevo
otra historia más.

NO TE VAYAS TÚ

Vida, deje que se quede,
evita que se vaya,
aunque sea un rato más,
que entre sus brazos
mi alma en paz se halla.

Permita a las estrellas salir,
que se las quiero mostrar,
entre aguas de cristal,
observando la belleza que hay más allá.

Evite pues la oscuridad,
que quiero ver sus ojos brillar,
los que hipnotizan cualesquiera,
haciendo de museos despojos.

No espere mi huida,
que esta vez solté el puñal,
más de mil veces clavado,
ese que me hizo desconfiar.

Ilumine el camino,
no lo puedo perder,
caminando a su lado muéstreme
para ver al final el rojo atardecer.

Que no quiera marchar,
a pesar del caos de mi mirada,
haz que encuentre todo el amor que hay en ella
la que le muestro a pesar de mi sólida coraza.

Dígaselo por mí,
que yo no puedo;
a través de este poema alce la voz,
que no es lo que hace tiempo buscaba,
que no se vaya, por favor,
que es aún mejor de lo que imaginaba.

VOLVER A CONFIAR

Su alma batallaba por seguir ardiendo,
escaseaban sus ganas de volver a confiar,
cada vez era más complicado encontrar algo para avivar la
llama
en un mundo en el que las cenizas que quedaron
intentan apagar el resto para que no pisen sus escombros.

No obstante, el combustible que necesitaba apareció,
para conseguir arder,
recuperar la fe que amenazaba con desistir en cualquier
momento.

Era aquello que llevaba tanto tiempo esperando encontrar.
Pero nunca llegó.
Pero dejó de buscar,
y consiguió hallar un combustible para avivar su llama y curar
sus cicatrices.

EL AUDIO QUE NUNCA TE ENVIÉ

El orgullo me come por dentro
intentando atrapar el deseo de correr a por ti,
deseo que cada vez es más difícil de retener.
Pero
cómo se supone que voy a buscarte
sin brújula ni dirección
sin saber si tú quieres volver a pesar de todo.

Idiota de ti
que nunca me dijiste lo que llegaste a sentir
ni aun cuando te di la oportunidad de hacerlo,
ni siquiera la última.

No hubiera cambiado mucho,
seguramente habría dolido más,
pero irme de no sé dónde
hacia un rumbo sin determinar
me dejó desamparada en la nada,
sin saber si todo mereció la pena
o solo fui una pérdida de tiempo para ti.

Que todo va bien de nuevo
pero mi cabeza quiere escoger un camino
que quedó a medias de recorrer,
rezando por que quieras volver,
porque yo estaré donde siempre.

No hubiera cambiado mucho,
solo sabría donde poder ir a buscarte hoy,
aunque mi mayor martirio
es no saber si tú quieres volver.

RECUERDOS

Recuerdos que duelen,
esos que, al recordar,
iluminan la cara con una sonrisa,
pero que se clavan en el alma,
pues pertenecen a quien el presente dejó marchar.

Dejando una pequeña cicatriz que
al volver
se desgarra un poco,
teniendo que volver a cerrarla.

Por eso prefiero no pensar.
Por eso prefiero no recordarte.
Pero el corazón traiciona y mi mente te extraña.

EXCUSAS

Buscaste la excusa más estúpida para echarme de tu vida,
pues sabias que no me podías tener,
que no me sabías cuidar.

TU SOMBRA

Querías que te salvara
al final me acabaste ahogando a mí.
Cavé mi propia tumba
en el momento que dejé que tirases hacia abajo de mí,
cuando creí que cada notificación que llegaba era tuya.

Ahora como Lady Gaga pongo cara de póker
para disimular cuando me preguntan por ti,
para que no vean que de vez en cuando te pasas por mis
sueños,
que aún sigues aquí;
que la cama amanece vacía en las mañanas,
que ya no miro hacia el otro lado
con una sonrisa,
sino con anhelo.

Y yo sigo hablándole de ti a mi almohada en la noche,
al reflejo de la Luna en el mar,
pues tu sombra no la pude encontrar en ningún otro lugar.

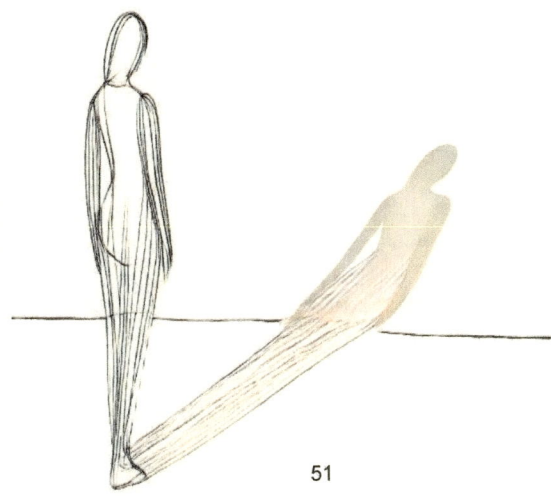

POR SI LEES ESTO

Se me cayó el mundo encima al escucharte por primera vez,
pensando si era real
o si era mi imaginación jugando con los recuerdos que guardé.

Nunca me atreví a preguntar,
cobarde de mí,
escuchando cada palabra
sabiendo que nada era culpa del azar,
que algo en el fondo de mí
me decía que era tal que así.
Ahora escribo esto con la mente rota
el corazón desordenado,
matándome por dentro
el pensamiento del porqué todo cambió,
si yo no lo quería así.

La búsqueda de la razón por la que jamás demostraste todo,
lo que ahora me perfora la cicatriz que me tocó cerrar por la
fuerza,
herida de la bala disparada por ti.

Supongo que es mi turno de,
si alguna vez lees esto,
decirte que Gran Vía no sería suficiente para mí.

ELECTROMAGNETISMO

Fuiste mi sol y yo tu Luna,
yo el polo positivo de la Tierra
y tú el negativo.

Que a pesar de parecer mi ruina,
la polaridad más se atrae cuanto más alejado es su indicativo.

Sin embargo, hay un punto en el que se juntan,
cuando la polarización se va a invertir,
y es ahí donde se encuentra agua tras la alta duna,
donde se fusionan sus núcleos
y todo lo demás deja de intervenir.

El momento preciso en el que sólo existe París.

ECLIPSE

Tú fuiste el Rayo de luz y yo la ráfaga de frío,
la que te congela cuando a mí me derritió la tuya,
las que sendas enfrían tu aliento y calientan mi corazón.

Mas ahora la ráfaga regresó al momento inicial,
mientras que tu rayo le esperó hasta el final,
sin comprender muy bien el porqué de ello.

El eclipse termina y nos distancia,
la fuerza de la Luna la alejó de nuevo del Sol,
haciéndoles esperar un lustro más para poder verse de nuevo.

AQUELLA NOCHE

Aquella noche en la que nos dijimos adiós,
entre miradas de aprecio y besos de perdón,
entre despedidas hacia un nuevo rumbo
dejando sanar nuestro corazón.

Aquella noche en la que nos dejó hablar el alcohol
confesando éste el caos de nuestros mundos,
caminando a partir de ahora en diferentes órbitas.

Mas no quiere decir que no se vuelvan a encontrar de manera
puntual,
como un eclipse que recuerda que seguimos aquí,
que nada queda en el olvido,
que nuestras corrientes marinas no eran una,
pero la fluctuación nos hará encontrarnos
de nuevo
en algún punto del recorrido.

Aunque eso ya no preocupa,
o eso creo,
pues después de aquella noche,
supe que seguir adelante
ni siempre es tener que dejar atrás
ni que cerrar una puerta implique no poderla abrir.
No siempre es olvidar,
sino aceptar que cuando suena el pitido
puede ser último
o el penúltimo.

AMOR MENDIGO

Creí que tus ojos decían te quiero,
cuando en realidad la buscabas a ella
creando falsas esperanzas
que realmente puras parecieran.

Y yo lanzándome al vacío
a la espera
de que tu boca dejara ir el miedo,
de que en tu caos me escogieras.

Buscando desesperado
vagando en la noche lúgubre
aquello que juramos destruir.

Aquel amor mendigado
aquel que lo sufre
el que finalmente busca la falsa verdad en unos ojos
cualesquiera,
con tal de buscar a alguien de quien ser aprendiz,
con tal de sentir cerca el calor de un amor mendigo.

EL MITO DE PERSÉFONE

Haz de mi piel abrigo
pues, de ninguna otra forma,
me desharía de un amor mendigo.

De sentimiento mi alma forra,
permíteme recostarme sobre tu pecho,
que si no el calor me ahoga.

Vivamos en un eterno invierno,
siendo tú mi Perséfone,
como en el mito de aquel cuento.

Conviértete en mi calor eterno,
que así yo no me hundo,
que el verano no me agrada,
pues el frío me lleva presa hacia el inframundo.

Sin miedo nadaría hasta ti,
incluso a Hades retaría por rescatarte,
sin mirar hacia atrás para salvarte no me aseguro,
así que le entrego, por verte, mi alma sagrada.

Me haré con todas las monedas posibles
para asegurar que te visite me lo permita Caronte,
cruzando el río hasta quedar mi cuenta en cero,
para hacerte compañía más de un tercio de por siempre.

FRÍO

En silencio escribo
bajo el insomnio del ruido
que intenta escapar del armario en el que lo encerré.

Actuando así erré
abriéndole la puerta al caos,
todavía vivo,
y soltándose del caballo el brido.

La calma debía permanecer en mí
para evitar pintar todo en gris,
e intentándolo todavía sigo.

Cubro el frío con abrigo
para derretir el bloque que lo envuelve
supliendo todo lo que un día niego.

Mantengo en pie el muro
impidiendo el paso al jinete de nuevo,
saldrá bien con un poco de suerte —espero—.

SOL Y LUNA

Enamórate de ti mismo
así entenderás por qué lo hice yo.

Permíteme hacerte un croquis de lo que hiciste en mí,
mirada tras mirada,
sonrisa tras sonrisa.

Permíteme enseñarte lo más bonito de tu sombra,
tu manera de observar, tu forma de reír.

Tus manías y tu voz de dormido,
los ataques de cariño,
con los besos infinitos por toda mi cara,
especialmente en la frente,
que envías directamente al fondo de mi alma.

Dejemos de lado el romance ñoño y cursi,
adentrémonos en un amor salvaje,
transmitiendo nuestra pasión en un solo abrir y cerrar de ojos,
en el que la mirada lo diga todo.

No dejes que olvide tu tacto,
tu pelo mojado
tras el vaivén de las olas llenando de sal las heridas,
que tú cuidas hasta curarlas.

Muéstrame con tus manos lo que te vuelve loco,
deja que te muestre toda mi perdición.

Abraza mis miedos con los tuyos,
hagamos de la pesadilla un reto que afrontar juntos,
porque sola siempre pude,
pero ayúdame a asegurarme de que su extinción sea firme.

Y aun así unimos dos mundos completamente diferentes,
yo con mis versos de doble sentido,
tú con tus palabras que me dejan sin aliento,
que me recuerdan por qué es tuyo todo mi tiempo,
por qué eres de mi mente el dueño.

Repíteme lo que cada día me recuerdas,
mi vida,
que siempre tendrás mi mano,
que jamás dejaré de escuchar la voz que me recuerda lo que
quiero,
junto a ti el atardecer eterno.

Enamórate de ti mismo,
así entenderás por qué lo hice yo,
aun sin quererlo,
bajo aquel arco.

OTOÑO

Un escalofrío atraviesa mi cuerpo
desde la punta del pie hasta la cúpula que,
cada vez que vuelves,
pierde más y más trozos de cristal.

Nos quedamos en mil promesas por cumplir,
planes que se ahogaron en el mar,
sentimientos que quedaron encerrados en la torre de marfil,
y nunca nadie más volverá a encontrar.

Nos faltó un suspiro,
uno que nos permitiera retroceder
al capítulo basado en la despreocupación y el descuido
cuyo final ni siquiera estaba decidido.

Te preguntaré por las mil y una noches perdidas
entre hojas y silbidos otoñales
entre las que sin un por qué desapareciste,
aun sabiendo que como Vivaldi
te dedicaría las cuatro estaciones.

AMOR MUDO

Te amo en silencio,
te beso en secreto.
Te quiero cada día,
me dices lo siento.

Me despierto a tu lado,
la cama de nuevo vacía.
El jinete sin rumbo galopa,
cada esfuerzo es vano.

Querer a escondidas solo un rato,
ese fue tu único trato,
en mi pecho se clavó tu espada,
porque el amor duele,
pero callarlo nos desangra.

PÁNICO

*"Adiós al pánico
Adiós al vértigo"*
Izal

Ese momento en el que me di cuenta de la cara de idiota que se
me ponía al mirarte,
ese momento en el que me di cuenta de lo jodida que estaba.

El pánico invadió todas mis ganas de mandar a la mierda mi
comodidad,
dejar de esperar a que mágicamente todo sucediera.

"Tragar y respirar hondo te ayudará",
y yo voy por la quinta repetición,
al borde de ahogarme en pensamientos catastróficos,
tratando de mentalizarme de lo que pueda pasar.

Tratando de asimilar que todo va a cambiar,
tratando de asimilar que todo va a cambiar.

Para bien,
o para mal.

Grité hasta quedarme sin voz,
hasta que toda la plaza escuchara
que se me iba a salir del pecho el corazón,
que dejó de pertenecerme tras la primera carcajada.

Me despedí del pánico,
me despedí del vértigo a la caída libre.

Grité hasta que te dieras cuenta de que era tuyo,
pero solo si lo querías,
porque entonces el jinete se volvería a hacer cargo de él.

Aunque de momento sigue esperando a que se lo entregues,
desesperado por deshacerme de él.

Me despedí del pánico,
me despedí del vértigo a la caída libre,
y qué bien se siente ganar de una vez,
qué bien sienta mandar todo a la mierda y que merezca la pena.

HILO ROJO

El hilo rojo no tiene mucho sentido,
y aun así sentía que algo tiraba de mí hacia donde quería
quedarme
por si sucedía lo que tanto esperaba.

Dejó de cobrar sentido cuando sentí encontrar el otro nudo,
que aun habiendo tirado del hilo no se deshilachaba,
que aun habiendo intentado cortarlo por accidente seguía
intacto,
más firme todavía
para unir
los dos lados
de nuestro hilo rojo.

Dos almas destinadas a encontrarse
o una casualidad demasiado puntual.

El hilo rojo no tiene mucho sentido,
hasta que no entiendes
por qué
todo
sucede
alrededor de un hecho:
tropezar con tu sombra cada vez que quiero huir del sol.

El hilo rojo no tiene mucho sentido,
hasta que no entiendes
por qué
todo
sucede
alrededor de un hecho:
encontrarnos.

EDÉN

Dormir en su pecho era el cielo personificado.

Lejos del incendio,
cerca del calor del verano.

Lejos de cualquier tormenta,
en el ojo del tornado torna todo en un color blanco.

Torna todo en el multicolor tornasolado que crea el arcoíris en
los charcos,
ahuyenta los truenos que creé en vano.

Todo fluye en torno a la tranquilidad que respiro de su torso,
en los sueños la pesadilla se transforma,
entrama la felicidad surgida en aquel arco.

Al despertar fotografío con la Canon de mis ojos,
lo que tierna dice tu cara
sobre los trazos de la trama de mi travesía nocturna.

Trozos de mi alma arreglas
tras buscar el error en tus actos,
trabajando en el sueño
de sentarnos de la mano en el mismo trono.

LO SIENTO, TE QUIERO

Aquel banco seguía en el mismo sitio de siempre,
con el tiempo detenido,
viendo pasar las horas,
viendo pasar febrero.

La nana ya no es música,
se volvió un simple recuerdo del ayer.
Viajar se convirtió en monotonía,
el hogar vive conmigo día a día.

Dejé de observar la belleza en el espejo
—ahora la aprecio en sus ojos—,
decidí crear la mía propia.
Las 203 palabras atragantadas en mi garganta
salieron volando por fin,
y continué el siguiente capítulo en una nueva hoja del
cuaderno.

Compré uno nuevo,
demasiadas cenizas lo ennegrecieron.

Nuevas historias condenadas al fracaso,
una nueva por disfrutar cada segundo.
Curaron mis alas mientras yo las cicatrizaba,
ahora tienen un pedacito suyo.

Salió el sol,
más radiante que nunca,
aunque bueno,
supe encontrarlo entre tantas nubes.

Escribí mil cartas más,
unas de despedidas,
otras muchas de bienvenida.
Hice de mi letra mi expresión,
hicieron de ella su mayor orgullo.

Lo siento, te quiero.
Y quiero hacerlo mientras la tinta siga escribiendo lo que
Lorena no sabe expresar.

ÍNDICE